AF394852

UNE
SÉANCE EXTRAORDINAIRE

DE

L'ASSEMBLÉE NATIONALE

DE VERSAILLES

Pendant les Vacances de Pâques

LE VENDREDI SAINT 14 AVRIL 1876 (1)

Je demande bien pardon à la Chambre de l'excentricité et de l'audace de mon manifeste ; mais il n'y avait pas d'autre moyen de lui faire produire son effet.

Si la Chambre veut bien me le permettre, je monterai à la tribune et je m'expliquerai plus clairement et plus longuement.

NOTA. — L'honorable M. Grévy, président de la Chambre, fait un signe d'assentiment.

L'orateur, bien que n'étant point député, monte à la tribune sans aucune espèce d'opposition ; ce qui est d'autant plus croyable que la salle est entièrement vide.

______

(1) Au 14 Avril 1876, les fauteuils étaient vides, MM. les Députés étant en vacances jusqu'au 10 mai et n'habitant plus Versailles.

Le jour même de la rentrée de la Chambre, cette séance extraordinaire deviendra néanmoins une réalité et aura de l'à propos, poing, vocifère et se débat comme le diable dans un bénitier.

L'orateur laisse passer tranquillement cet orage et poursuit ainsi son argumentation :

Un fait bien acquis aux débats, c'est donc la certitude que la prophétie du 9 Août 1852 s'est réalisée pour la France, par dix-huit ans de calme, de bonheur et de prospérité.

OBSERVATIONS. — Le révérend père *Benoît-Joseph*, de l'ordre des capucins, prédicateur habile et très-instruit, m'a blâmé vivement, en dehors de la confession, pour le passage relatif au borgne et lourd Gambetta. Il a vu là un double péché : manque de respect envers la *moinèrie* ; et manque de charité envers M. Gambetta.

S'il en est ainsi, il faut que je renonce à écrire, ou que je cese de fréquenter les sacrements.

Le révérend père Benoît-Joseph me paraît vraiment un peu trop rigoriste.

Dans les ministres de Notre Seigneur Jésus-Christ, il faut considérer deux choses : l'homme, l'homme faillible et pécheur, et le dispensateur des grâces célestes.

Comme homme, et si son embompoint prête à rire, un moine peut être plaisanté comme tout autre mortel, pourvu qu'on raille légèrement, avec modération, sans aigreur et sans intention méchante.

Comme ministre de Dieu, et dans l'exercice de ses fonctions sacerdotales, un moine, même gros et gras, comme le bon et excellent frère Placide, mon confesseur, ou le R. P. Augustin, aura toujours droit à tous nos respects ; et c'est dans cette *estimable moinerie*, même *grasse et trapue,* que je choisirai de préférence mes confesseurs et mes directeurs. Je me sers à dessein de ce mot de *moinerie*, à titre de raillerie sans malice et comme protestations contre les susceptibilités exagérées du révérend père *Benoît-Joseph*.

Parce qu'on est ministre de Dieu, il ne faut pas vouloir être traité en Dieu : ce serait à la fois un très-grand péché, une grossière usurpation et un insupportable orgueil.

En ce qui me concerne, je suis de très-bonne composition. Comme j'ai les allures, la longue taille, la pâleur et même la maigreur de Don Quichotte, on ne se fait aucun scrupule de me traiter de pourfendeur de tous les abus et de tous les moulins à vent de la société. Et j'en ris le premier, je laisse dire et faire, quitte à prouver plus tard que je suis plus positif et plus lucide que l'illustre héros de la Manche.

Enfin, si je saupoudre çà et là mes *prophéties* d'un peu de gros sel attique, c'est pour prouver que je suis sain d'esprit et que, sous le *prophète infaillible et inspiré*, existe le mortel sujet à l'erreur, à l'illusion et à toutes les misères de la vie.

Quant au citoyen Gambetta, je le crois homme d'esprit ; et tant pis pour lui s'il se fâche ! Il attaque assez les autres ; on peut bien lui rendre la pareille.

Je lui dirai donc :

Pour un futur Président de la République (du moins d'après vos aspirations intérieures), *vous êtes vraiment trop gras et trop lourd, outre que vous êtes borgne :* ce qui fait que vous n'inspireriez pas beaucoup de respect.

Or, si la nature, sur ce chef, s'est montrée marâtre envers vous, c'est qu'elle ne vous destine pas à de grandes choses.

Comme ministre de la guerre nommé par vous seul ou par votre triste coterie, vous avez déjà fait vos preuves, et vous vous êtes conduit en véritable écervelé et en homme partial : témoin l'affaire du camp de Conlie.

» Les clubs avaient semé la haine et la vengeance ;

» La Jacquerie (1) allait ensanglanter la France ;

» Et mon département, qui du *Var* prend le nom,

» Bientôt se fût acquis un horrible renom,

» Si de nos insurgés le timide courage

» N'avait très-mal servi leur impuissante rage.

» *Parisiens*, pour moi je le dis franchement :

» Quand vous vous en mêlez, cela marche autrement !

» Hélas ! que suis-je donc ? — Je suis socialiste (2)

» Et je me fais honneur d'être inscrit sur la liste

» Des amis du progrès et de l'humanité.

» Napoléon aussi marche de ce côté :

» A lui donc le pouvoir et l'initiative !

» Aimable nation, intelligente et vive,

» Depuis longtemps ainsi nous l'avons entendu

» Et c'est du chef, toujours, qu'on a tout attendu.

» Pour que la *France* soit florissante et prospère

» Ouvrons à son génie une immense carrière ;

» Donnons-lui plein pouvoir, criant du fond du cœur :

» *Vive* Napoléon ! *Vive notre* Empereur ! »

———

Telle est ma première prophétie, que j'ai réellement rédigée à la date du 9 Août 1852, et que je fis lithographier trois jours après. Un enthousiasme subit s'empare de moi, ma tête se monte jusqu'au délire, les idées se pressent en foule dans mon cerveau et j'écris cette pièce de vers à la manière des prophètes, avec la rapidité de l'éclair, et en proie à une espèce de crise nerveuse.

---

(1) Sous le nom de Commune.

(2) C'est-à-dire : *Réformateur de la Société* et irréconciliable ennemi dss arrestations arbitraires et de tout autre abus de pouvoir.

Cette prophétie, avec les mentions qui précèdent, est imprimée à la page 5 d'une brochure in-8° de 20 pages très-serrées, y compris la couverture, et ayant pour titre : « *Mes démêlés avec la police de Paris, à propos de la procla-* » *mation de l'Empire,* par Fortuné ROUSTAN, receveur en » disponibilité de l'Enregistrement et des Domaines, *com-* » *plice moral de l'insurrection du Var ;* — Paris, impri- » merie Blondeau, 32, rue du Petit-Carreau, 1853. »

J'ai des exemplaires originaux de toutes les brochures que je cite, et je puis les représenter.

Ma première prophétie du 9 Août 1852 porte donc une date certaine.

De 1852 au mois d'Août 1870, la France, quoi qu'en disent les orléanistes, les gambettistes et les radicaux, a eu dix-huit années de calme politique et de prospérité matérielle. Je ne prétends point par là délivrer à Napoléon III un certificat de parfaite bonne conduite gouvernementale. L'Empereur, ainsi que je l'expliquerai plus loin, a commis des fautes, et de lourdes fautes, fautes qu'il a maintenant expiées par sa mort douloureuse et prématurée, par l'amertume de son exil et par ses sentiments chrétiens. Dieu, après l'avoir puni, lui a fait miséricorde et a reporté cette miséricorde sur Napoléon IV, son héritier légitime, jeune homme d'une figure noble et sympathique, d'un cœur excellent, d'une haute intelligence, et digne fils de la pieuse et belle Eugénie :

O matre pulchrâ, filius pulchrior !

(Applaudissements prolongés par les bonapartistes. — Grognements, rires et sarcasmes du côté des orléanistes et de la gauche, notamment de la part du borgne Gambetta, qui, plus gras et plus trapu qu'un moine, plus replet que l'immonde animal qui se nourrit de glands, montre le

L'orateur poursuit donc ainsi son discours :

MONSIEUR LE PRÉSIDENT,
MESSIEURS LES DÉPUTÉS,

En qualité de prophète inspiré par Dieu et Jeanne Darc, j'affirme de la manière la plus formelle que, dans un avenir qui n'est pas éloigné, la France recouvrera et conservera pour longtemps l'*Alsace et la Lorraine*.

Voici mes preuves :

J'ai parlé *comme prophète* dans diverses circonstances ; et mes prophéties, qui ont date certaine, ainsi qu'on va le voir, se sont toujours réalisées. Si, dans le passé, c'est bien Dieu qui a parlé par ma bouche, j'ai tout lieu de croire qu'il en est de même aujourd'hui.

Première prophétie

Ma première prophétie, *portant la date du 9 Août 1852,* est libellée en ces termes :

« AU PRINCE LOUIS-NAPOLÉON BONAPARTE,

» *La France entière, les campagnes surtout, demandent l'Empire.*

PROPHÉTIE

« Louis-Napoléon, ton étoile se lève !
» Je suis bien éveillé, non, ce n'est pas un rêve ;
» La France te prépare un brillant avenir :
» C'est toi qui l'as sauvée (1), elle veut te bénir.

(1) Des horreurs de la Commune, qui ont eu lieu, depuis, en mai 1871. Le coup d'Etat du 2 décembre 1851 a empêché ces

» *Du prophète je sens en mon cœur le délire,*

» Et je suis des premiers à proclamer l'empire !

» Appui des malheureux, mais fléau des brigands,

» Tu rassures les bons, tu punis les méchants ;

» Et, te faisant aimer par ta rare clémence,

» De ceux qu'on égara tu pardonnes l'offense.

» Prince chéri de tous, ô prince valeureux (1),

» Amnistie, amnistie, et tu seras heureux (2) !

» *Napoléon-le-Grand*, d'éternelle mémoire,

» Comprit que tu serais le soutien de sa gloire.

» Son génie inspiré te fit son successeur :

» De la *France* sois donc l'orgueil et le bonheur !

» Depuis bientôt quatre ans notre pauvre patrie

» Souffrait et languissait, tiraillée et meurtrie :

» On eût dit que le ciel la vouait à la mort.

» Ah ! c'est qu'il lui manquait un gouvernement fort,

» Qui, sachant se montrer et juste et magnanime,

» Protégeât le mérite et fit trembler le crime !

» Je bénis ce pouvoir, car j'ai vu de trop près

» Combien son coup d'Etat prévint de noirs forfaits.

---

horreurs qui, dans l'intervalle du 2 Décembre 1851 au mois de mai 1871, et par le cours ordinaire des faits et gestes de la démagogie, auraient eu lieu deux fois.

(1) Il l'a prouvé en 1859, sur le champ de bataille de Solférino, et même le 2 septembre 1870, lors du désastre de Sedan, quoi qu'en puissent dire ses ennemis politiques. Voir, notamment, la brochure : *Ils en ont menti, par un rural.*

(2) Dans les circonstances actuelles et pour les crimes de l'horrible commune de 1871, l'amnistie n'est pas possible. Mais il faut user largement du droit de grâce pour les simples soldats de l'insurrection.

Pour ceux-là et pour tous ceux qui sont réellement repentants et qui ne furent qu'égarés, grâce, grâce pleine et entière, sans restrictions ni réserves : Dieu et Jeanne Darc le veulent et l'ordonnent !

Si jamais j'arrive au pouvoir (1), je vous ferai rendre compte de vos actes coupables et insensés; et, vous ébranlant sans respect, je vous ferai tomber piteusement du haut de votre piédestal factice !

———

Je reprends la suite de mon argumentation :

Comme complément de ma première prophétie, je citerai la pièce de vers suivante, que je composai dans la dernière quinzaine du mois d'Août 1852, que j'envoyai aux diverses autorités, notamment à M. le Préfet de police de Paris, dans la première huitaine du mois de Septembre 1852, et qui est ainsi conçue : (pages 7 et 8 de ma bro-

———

(1) *Opinion de ma femme.* — Si jamais tu arrives au pouvoir, je m'engage à prendre la lune avec mes dents.

Ma réponse. J'arriverai au pouvoir, sans rien changer à mes allures : c'est-à-dire crotté, pauvre et idépendant, blâmant plus que jamais la corruption et les abus, et n'ayant rien à renier de mes principes sainement républicains.

Autres dires de ma femme.

Tu es très-sobre, je le reconnais, et ta conduite est exemplaire.

Mais tu as des travers d'esprit vraiment déplorables, et tu es d'un entêtement poussé jusqu'à la démence. Un ivrogne vaut mieux que toi. Son ivresse n'a qu'un temps et il est facile de la guérir; mais ta maladie est incurable. Toi, ce ne sont pas tes jambes qui chancellent : c'est ta tête !

Si tu continus de parler ainsi en *inspiré soutenu par Dieu et Jeanne d'Arc,* j'irai à la police et je te ferai enfermer.

Il est bien cruel d'être obligé d'en venir là; car je t'aime beaucoup. Mais j'aimerais mieux te voir mort que de t'entendre divaguer.

ET INIMICI HOMINIS DOMESTICI EJUS !

chure déjà citée : *Mes démêlés avec la police de Paris, à propos de la proclamation de l'Empire*).

« Au Prince Louis-Napoléon BONAPARTE

» *Personnellement.*

LE CRI DE LA FRANCE RECONNAISSANTE

» *L'Empire est plus que jamais nécessaire*

» La nature, de moi n'a point fait un poète,
» Et le cœur seulement peut inspirer la tête.
» Mon grand amour pour vous, mon profond dévouement,
» En vers font éclater mon plus doux sentiment.
» Oh ! *Prince,* écoutez-moi : l'ignoble flatterie
» Ne sortira jamais de ma bouche avilie ;
» Avec conviction et la main sur mon cœur,
» Je le dis devant Dieu : *Vous serez Empereur !*
» Je ne puis approuver le commode optimisme ;
» Faibles, mais dévorés d'un immense égoisme,
» Les partis, trop nombreux, ne tombent point d'accord (1)
» Il faut donc, avant tout, un gouvernement fort ;
» *Et, pour nous préserver de la guerre civile,*
» *L'Empire est, à mes yeux, éminemment utile ;*

----

(1) Erreur : ils sont [tombés dernièrement d'accord, à *une voix de majorité*]

» Et le Peuple, admirant un tour si bien joué,
» Du Prince, avec fureur, partout s'est engoué.
» Napoléon, dit-il, est un gaillard habile
» Qui leur a démontré s'il était imbécile
» Comme ils le soutenaient. Ils voulaient l'arrêter ;
» Mais, bien plus adroit qu'eux, il sut les dérouter.
» Son courage, égalant sa noble intelligence,
» Fut digne de son nom et digne de la France.
» Puisqu'il se dévoua, soyons donc généreux,
» *Et proclamons bientôt l'Empire glorieux !* »

Il est donc prouvé de toutes les manières, avec la plus grande clarté et la plus grande précision, que, dès les premiers jours du mois d'Août 1852, j'ai annoncé, *comme prophète,* que l'Empire serait rétabli et qu'il durerait longtemps.

On ne peut pas nier que cette prophétie n'ait déjà produit son effet pendant dix-huit ans.

Si, depuis le mois de septembre 1870, il existe une solution de continuité, l'avenir et un avenir heureux n'en est pas moins devant nous ; et je vois dès maintenant cette lacune déplorable sur le point d'être comblée.

Pour laisser à mon récit toute son unité et toute sa rapide énergie, je ne tiens plus compte des sarcasmes de la gauche et des interruptions des orléanistes, interruptions et sarcasmes qui ne peuvent ni m'évouvoir ni m'atteindre. De ma voix criarde et aussi retentissante que celle d'Emmanuel Arago, je couvre tout ce tumulte, j'impose le silence et me fais obéir. Dieu et Jeanne d'Arc évidemment me protègent.

Dominus illuminatio mea et salus mea ; quem timebo. — Dominus protector vitæ meæ ; à quo trepidabo ? —

Annuntiavi justitiam tuam in ecclesiá magná; ecce labia mea non prohibebo : Domine, tu scisti.

Deuxième prophétie

La deuxième prophétie est celle qui nous a été inspirée lors du mariage de l'Empereur. Elle a également une date certaine, puisqu'elle est insérée, dès le 30 janvier 1853, aux pages 5 et 6 d'une brochure déjà citée (*Le Mariage de l'Empereur*, etc.).

Je transcris littéralement cette deuxième prophétie.

L'IMPÉRATRICE DES FRANÇAIS

C'est l'ange que la Providence
Destinait à notre Empereur :
Qu'elle règne donc sur la France,
Qu'elle en assure le bonheur !

Oui, la France avec lui l'admire
Comme un chef-d'œuvre de beauté ;
Sa vue excite le délire,
Son air annonce la bonté.

Elle est aussi douce qu'un ange,
Pure comme le cœur pieux ;
Et cette destinée étrange
Ne fait pas un seul envieux.

» Et lui, sans redouter le plomb d'un assassin,
» Montrait à découvert son front grave et serein ;
» Car de sa mission il a la conscience ;
» Sur ses jours précieux veille la Providence.
» Ah ! comme l'on criait avec l'accent du cœur :
» *Vive l'élu du ciel, vive notre Empereur !*
» Quand pour la France entière il expose sa tête,
» Il peut la gouverner : c'est un droit de conquête !
» L'impression que fait une jeune beauté,
» Sur l'amant éperdu, de sa grâce enchanté,
» Qui, d'un premier amour subissant l'influence,
» S'enivre chastement d'extase et d'espérance,
» N'a rien de comparable au saint ravissement,
» Au transport indicible, au tendre mouvement
» Qu'aussitôt je sentis s'élever dans mon âme,
» A grands flots m'inondant d'une céleste flamme !
» Comme l'on se comprend, quand on se voit de près !
» Merci, *Prince*, merci de nous donner la paix.
» Oui, la postérité redira, 'dâge en âge,
» Votre grand dévoûment, votre noble **courage :**

» plus pour barrière que la force armée, je demandai, à défaut
» de pouvoir arriver jusqu'à votre Majesté, l'autorisation de dé-
» clamer mes vers.

» Je fus écouté avec bienveillance ; le peuple partagea mes trans-
» port et répéta à grands cris : *Vive Napoléon ! Vive l'Empereur !*
» Je remis à MM. les chefs de la force armée, *sur leur demande,*
» plusieurs exemplaires de mes écrits. L'un d'eux me serra même
» affectueusement la main ; et pour que je ne fusse pas étouffé
» par la foule, on me fit sortir par une porte de faveur donnant
» sur la cour du Carrousel (*Mes démêlés avec la police de Paris,*
» *Paris, 1853 ; brochuré déjà citée, page 8.)* »

J'étais bien loin de me douter alors ainsi que je l'expliquerai
plus loin, que la Roche tarpéïenne fût si près du Capitole !

» Votre *oncle* avait surtout le courage guerrier,
» *Le courage civil sera votre laurier !* »

***

Depuis la campagne d'Italie et la paix de Villafranca, je pourrais ajouter, avec encore plus de raison :

Et vous avez prouvé, sur le champ de bataille,
Que vous ne craignez point ni balles ni mitraille :
Turbigo, Magenta, Milan, Solférino,
Ont ouvert à l'Empire un avenir nouveau.
Votre étoile vous suit : une paix glorieuse
Termine tout d'un coup cette campagne heureuse !

***

Et pour que ma *première prophétie* soit bien claire et bien complète, terminons toutes ces citations par celle-ci (page 9 de mes *démêlés avec la police de Paris,* brochure imprimée au mois de décembre 1852 et portant, d'après les habitudes de la librairie, la post-date de 1853.)

***

OPINION DU PEUPLE FRANÇAIS

Sur le coup d'Etat du 2 Décembre 1851

***

« Des partis impuissants ce fut le coup de grâce !
» Il les écrasa tous ; on n'en voit plus la trace.
» Avec tant d'à-propos cet heureux coup porté
» Longtemps retentira dans la postérité !
» Ce grand coup, à lui seul, peut suffire à sa gloire,
» Eterniser son nom ainsi que sa mémoire ;

» Cette institution, avec la liberté (1)

» Pouvant faire longtemps notre prospérité.

» Si nous ne voulons point qu'en France on dégénère,

» *Changeons en pouvoir stable un pouvoir éphémère* :

» La campagne épuisée appelle un *Empereur* :

» *Prince*, mettez enfin un terme à sa douleur !

» N'a-t-elle pas montré par son vote unanime,

» Qu'elle espère sortir, grâce à vous, de l'abîme ?

» A ses justes désirs *Paris* aussi répond,

» Et bientôt la *couronne* ornera votre front.

» Ce voyage ne fut qu'une éternelle fête !

» Jamais félicité ne sera si parfaite ;

» De la *France* chacun admirait le sauveur

» Et de le voir de près j'eus le touchant bonheur (2).

----

(1) La liberté du *Droit de pétition devant le Corps législatif, comme deuxième et indispensable degré de Juridiction, — seul vrai couronnement de l'edifice impérial*. J'ai proposé cette amélioration des institutions de l'Empire, dans un écrit portant ce titre , brochure in 8 , de 52 pages compactes, y compris la couverture, imprimée au mois d'Avril 1866, par Charles Noblet, rue Soufflot, n° 18, à Paris.

(2) « Trois journées évidemment bénies du ciel, trois journées » magnifiques, aussi pures que les élans passionnés de mon cœur, » trois journées dont je garderai un souvenir impérissable, » vinrent enfin luire sur nous ; et Paris, partageant l'enthou- » siasme des départements, préparait une réception féerique au » vainqueur de l'anarchie.

» Le 15 Août 1852, sur la place de la Concorde, j'avais eu le » bonheur, pour la première fois, de vous voir de très-près. Je » tressaillis vivement. Votre vue, sire, produisit sur moi une » impression qu'aucune parole humaine ne saurait rendre, et » dont mes vers ne sont qu'une expression très-affaiblie.

» Le 16 octobre 1852, lors de votre rentrée à Paris, je me trou- » vais au moment de votre passage sur le boulevard Poissonnière » tout près de la manufacture des tapis d'Aubusson: la même

» Comme je tressaillis, quand sa mâle figure,
» Se présentait à nous et radieuse et pure,
» Soutenant dignement l'éclat de son grand nom !
» *Autant son âme est haute, autant son cœur est bon.*
» Sa présence partout excitait le délire,
» La foule avec amour l'appelait à l'*Empire ;*

» impression se renouvela avec une intensité qui ressemblait
» presque à une commotion électrique. Cette foule immense qui
» se pressait sur vos pas, ces arcs de triomphe, ces banderoles,
» ces fleurs, ces feuillages, ces mouchoirs agités; ces cris fana-
» tiques de *Vive l'Empereur;* ces regards qui s'attachaient à
» votre personne avec autant de respect que d'amour ; ce ciel
» sans nuages qui, par son azur éclatant me rappelait celui de la
» Provence, mon pays natal ; tout, sire, tout conspira à me
» rendre fou d'enthousiasme. Dès ce moment, je n'eus plus besoin
» des inspirations de personne : celle de mon cœur peut me suf-
» fire largement Vous voir, vous voir encore, m'enivrer de la vue
» de l'homme providentiel dont le retour était si ardemment
» désirée : tel fut mon plus grand plaisir, telle fut ma seule pré-
» occupation.
» Je pus enfin arriver au jardin des Tuileries. Bien que vous
» fussiez déjà rentré, j'attendais avec impatience un nouveau mo-
» ment de bonheur, car les autres l'attendaient aussi ; et lorsque,
» vers les quatre heures et demie du soir, vous parûtes du hau ^{t}
» du Pavillon de l'horloge, la foule vous ayant salué des cris fré$^-$
» nétiques de *Vive l'Empereur, Vive Napoléon !* je vis le sourire
» du bonheur illuminer votre noble et douce figure ! Au boule-
» vart Poissonnière, vos traits parraissaient porter l'empreinte
» des fatigues du voyage ; mais, aux Tuileries, vous étiez ra-
» dieux : l'empressement du peuple vous avait fait oublier toutes
» vos peines.
» J'essayai de déclamer, en ce moment, ma *Prophétie* et [le
» *Cri de la France reconnaissante ;* mais, étant placé trop loin, et
» ma voix se perdant dans les airs, je me vis forcé de me taire.
» Ce ne fut qu'un quart d'heure après que, m'étant rapproché en
» me mêlant parmi les membres d'une députation, et n'ayant ^{t}

Ah! c'est que par sa modestie
Et par sa touchante pâleur,
Elle plaisait, anéantie
Devant Dieu, notre seul Sauveur.

Partout l'opinion publique
Affirme que le choix est bon;
C'est de l'Espagne catholique
Le plus illustre rejeton.

Non, ce n'est pas une étrangère,
Elle est Française par le cœur.
A nous tous elle sera chère
Comme elle l'est à l'Empereur.

Aux pieds des autels elle incline
Un front aussi pur que chrétien,
De la religion divine
Se faisant le noble soutien.

Avec ce regard angélique
Cette exquise simplicité,
Quel être divin, poétique!
Oh! que de grâce et de beauté!

Comme elle était intéressante,
Par son éclatante blancheur!
Son émotion ravissante
De chacun captivait le cœur.

Il eut, certes, la main heureuse,
Et c'est Dieu qui guida son choix.
O souveraine gracieuse,
Impose-lui tes douces lois!

C'est par le bonheur domestique
Qu'on fait de l'Etat le bonheur (1) :
A l'hymen de la politique
Il préfère l'hymen du cœur !

On se souvient de Joséphine,
De sa grâce et de sa bonté;
Hélas ! le public le devine :
De l'autre, qu'est-il donc resté !

O belle et douce impératrice,
Les Français par toi sont heureux.
A qui souffre sois donc propice,
Accueille nos modestes vœux.

Bienfaisante et chaste Eugénie,
Dieu l'a voulu, règne sur nous.
Sois longtemps notre bon génie :
Te voir est un plaisir si doux !

Oui, ta race sera féconde
Comme celle que Dieu bénit :
Tu vas renouveler le monde,
Car c'est le ciel qui vous unit.

Le 30 janvier 1853, jour du mariage religieux de Leurs Majestés impériales, m'avançant en tête de l'immense foule qui remplissait le jardin des Tuileries, et me plaçant en face et presque au-dessous du pavillon de l'horloge, je tentai de

---

(1) J'ai voulu dire poétiquement que lorsqu'on a la paix de l'âme et le bonheur domestique, on a beaucoup plus de temps pour s'occuper des affaires de l'Etat.

lire à haute voix, vers quatre heures du soir, au moment où Leurs Majestés se présentèrent au balcon, la pièce de vers que l'on vient de transcrire. J'en tenais à la main un brouillon informe et indéchiffrable, que je n'avais pas eu le temps de mettre au net.

Sa Majesté l'Empereur s'aperçut de mes démarches, fit un signe de sa propre main ; et pensant que j'avais à lui remettre quelque pétition il daigna m'envoyer à l'instant même un de sés écuyers, M. le vicomte de Roman.

Je répondis à ce dernier que mon unique but avait été de me livrer à l'élan enthousiaste de mon cœur, et de lire une pièce de vers relative à la cérémonie actuelle.

M. le vicomte de Roman m'ayant demandé une copie de mes vers, je lui expliquai l'impossibilité dans laquelle j'étais de déférer à ses désirs, en lui présentant mon brouillon et en lui déclarant que je n'en avais fait aucune copie.

Les choses en restèrent là !

Dans la matinée du 30 janvier 1853, j'avais eu le bon‑heur de voir de près et bien distinctement Leurs Majestés, à la suite des cérémonies religieuses qui avaient eu lieu dans l'église de Notre-Dame, et au moment où la voiture impé‑riale traversait la partie des quais qui longe les galeries du Louvre.

L'Empereur avait la figure sereine, le regard brillant et assuré : il paraissait fier de son bonheur et souriait à tout le monde.

L'Impératrice, avec son costume de fiancée et avec la couronne impériale sur la tête, avait toute la grâce, toute la timidité d'une vierge pudique.

Ce singulier contraste de la force et de la faiblesse, du génie et de la beauté, m'avait impressionné vivement : mon imagination en a même gardé un souvenir respectueux, dont l'intensté n'a fait que s'accroître.

Malgré mes bonnes intentions, la démarche à laquelle je m'étais livré publiquement était aussi excentrique qu'inconvenante. Mon enthousiasme méridional et le prestige de cette belle journée pouvaient néanmoins me servir d'excuse :

La meilleure preuve dès lors qu'il vaut mieux s'adresser à Dieu qu'à ses saints résulte de cette circonstance que l'Empereur, d'accord avec le peuple qui m'entourait, ne blâma point ma hardiesse et me couvrit même de sa haute protection.

Par cette deuxième prophétie, j'annonçais donc la fécondité du mariage de l'Empereur et de l'impératrice.

Un pauvre petit artiste dramatique, dont j'avais fait la connaissance à cette époque, qui m'a donné quelques leçons de déclamation théâtrale, et qui déclamait lui-même, avec chaleur et assez bien la pièce de vers que l'on vient de transcrire; un jeune homme du nom de *Félix* THOMAS, tout en me félicitant de mon inspiration poétique, se moquait de *ma prophétie* et de la *race féconde*, affirmant que l'impératrice Eugénie avait fait une chute de cheval qui lui ôtait à tout jamais la possibilité de devenir mère.

J'avoue qu'après plus d'un an de stérilité je doutais de moi-même et que je craignais d'avoir composé et fait imprimer une sottise.

Néanmoins, au moment où j'écrivis ma pièce de vers, j'avais bien comme la fièvre et le délire de la Sibylle de Cumes, et j'ai cru réellement avoir prophétisé.

L'avenir a prouvé que cette dernière opinion était la bonne.

Mon mariage aussi a été fécond : mon fils aîné, *Emile* ROUSTAN, qui est maintenant brigadier-fourrier au 22ᵉ d'artillerie, en garnison à Versailles, est à peu près du même âge que le Prince impérial, auquel il ressemble un peu et qu'il aura bientôt l'honneur de servir.

On peut maintenant m'objecter que cette prétendue fécondité du mariage de l'Empereur se réduit à un fils unique.

Mais la fécondité par excellence, celle de Dieu le père, ne s'arrête-t-elle pas à un fils unique ?

Et puis, quand il s'agit d'une nouvelle race régnante, il peut entrer dans les décrets éternels que cette tige, à l'origine, soit unique, afin de diminuer la compétition des partis obligés ainsi de se reporter sur une seule et même personne.

La fécondité, en ce qui concerne une nouvelle race royale ou impériale, consiste donc à ce qu'il y ait un héritier mâle, bien constitué, capable de régner et de fournir des descendants vigoureux. Or, le Prince impérial réunit maintenant toutes ces conditions.

Ecce novus rerum nascitur ordo.

Cette deuxième prophétie a, elle aussi, son complément, *également sous forme de prophétie.*

Je transcris cette prophétie complémentaire, littéralement et dans toute son intégrité.

Elle est contenue aux pages 3 et 4 de ma brochure sur *Le mariage de l'Empereur et l'impératrice des Français, imprimée à Paris, en 1853, par Blondeau, rue du Petit-Carreau, 32.*

« LE MARIAGE DE L'EMPEREUR

*Nouvelle prophétie aussi certaine que celle du 9 Août 1852
(voir la page 2 ci-dessus).*

———

Nota. — Quand, *sous l'inspiration de Dieu et de Jeanne
Darc,* je rédigeai cette prophétie, le 30 janvier 1853, j'avais
toute l'agitation, tout le tremblement nerveux, et l'air égaré
et hagard de la prêtresse de Delphes sur son trépied: bref,
toutes les allures et tous les gestes d'un fou ou d'un
inspiré.

———

Paris, le 30 Janvier 1853

» Moi dont l'âme brûla d'un généreux délire,
» Moi qui fus des premiers à proclamer l'Empire,
» t qui, pour avoir eu cent mille fois raison,
» *A mes frais ai mangé le pain de Charenton* (1) ;
» Moi qui, du peuple entier, trente jours à l'avance,
» Annonçai le bon sens, la rare intelligence ;
» Moi qui, ne m'inspirant que du feu de mon cœur,
» Dis à Napoléon : Tu seras Empereur !
» Je lui crie aujourd'hui, *d'une voix prophétique :*
» *Ta race durera plus que la République,*
» *Plus que l'orléanisme et le sang détesté*
» *Qui prend l'orgueilleux nom de légitimité* (2)
» Mais souviens-toi toujours que Dieu, dans sa clémence
» De toi fit l'instrument de sa toute-puissance ;

———

(1-2) Voir les observations qui accompagnent la présente
prophétie.

» Qu'il forma ta raison par l'exil, le malheur,

» Et par l'adversité prépara ton grand cœur.

» Celle qu'un heureux choix a faite impératrice,

» Des malheureux sera la noble protectrice (1).

» Sur le trône tu viens de placer la vertu.

» *Que l'ennemi du Christ bientôt soit abattu* (2)

» Et Dieu va te donner une tige féconde,

» Afin que ton sang pur, renouvelant le monde,

» *En bannisse à jamais la triste impiété !* (2)

» Arrière maintenant, ô légitimité !

» Race que Dieu maudit et frappe de démence ;

» Qui, toujours respirant la haine et la vengeance,

» Proscrivis sans pitié mon grand-oncle Ricord,

» Le tuant, dans l'exil, de la plus triste mort (3) ;

» O légitimité, montre-nous donc ta tige !

» Va, c'est bien à dessein, qu'un Dieu vengeur t'afflige ;

» Une tache de sang est restée à ton front :

» Tu ne revivras point, ce sera ton affront !

---

(1) Elle l'a prouvé depuis, en concourant à beaucoup de bonnes œuvres : crèches, orphelinats, pupilles du Prince Impérial, etc..

(2) L'Empereur Napoléon III est tombé, et piteusement tombé pour ne s'être point conformé au terme de cette prophétie, spécialement pour avoir laissé propager le livre exécrable de Renan et pour avoir abandonné le Pape: que son successeur prenne bien garde à lui et ne commette pas les mêmes fautes !

(3) Mon grand-oncle, pendant qu'il était commissaire extraordinaire de la convention, mit un jour aux arrêts Napoléon Iᵉʳ, alors simple capitaine, ce qui n'empêcha point ce dernier, devenu Empereur, d'apprécier la fermeté de caractère du conventionnel Ricord, et de l'honorer même de son estime et de sa confiance. La légitimité fut, au contraire, inintelligente et impitoyable comme la rancune. Tant il est vrai que les grandes âmes savent seules se montrer et justes et généreuses !

» Ne le vois-tu donc pas ? Dieu seul te rend stérile,

» Dieu repousse à jamais ta race inepte et vile,

» Pour avoir des vaincus provoqué les sanglots.

» Si tu prétends régner où sont donc tes héros ?

» Fis-tu preuve, du moins, de vulgaire prudence,

» En usant, à propos, de pardon, de clémence ?

» Et n'as-tu pas versé le sang trop précieux

» De l'infortuné Ney, ce martyr glorieux ?

» Eh bien ! c'est anjourd'hui que Dieu creuse ta tombe !

» Sur l'infâme Caïn le sang d'Abel retombe :

» Dans l'exil s'éteindra la race des Bourbons,

» De l'étranger en vain implorant les canons.

» Viens donc régner sur nous, ô belle impératrice !

» Du plus noble mortel deviens l'inspiratrice ;

» Conseille-lui toujours un pardon généreux

» Pour des vaincus, hélas ! déjà bien malheureux.

» Qu'il se montre toujours le digne fils d'*Hortense* ;

» Qu'il ne se venge point : à Dieu seul la veugeance !

» Qu'il rende la patrie à ceux que l'on bannit

» Et que le remords seul cruellement punit.

» *Oui, s'il veut devenir encore plus populaire,*

» *Qu'il fasse une amnistie, et qu'elle soit entière !*

OBSERVATIONS.

(1) Je ne suis, en effet, qu'un échappé de Charenton et de Bicêtre. J'ai été détenu dans le premier établissement, du 23 octobre au 11 nevembre 1852 (19 jours); et, à Bicêtre, du 11 au 25 du même mois de novembre (14 jours) : en tout 33 jours de salle de police. Voici à quelle occasion :

J'ai toujours eu le courage de mes opinions politiques et administratives, et je passais pour un employé *socialiste*, pour un employé *républicain*, c'est-à-dire ennemi des abus et partisan des réformes raisonnbles. En 1849, j'avais même été suspendu et changé de résidence par cet unique motif.

Au mois de septembre 1851, je protestai, en termes peu convenables, contre une mesure injuste, contre la mise à la retraite de mon père, qui n'était âgé que de 64 ans, qui n'avait pour ressources que son modeste emploi de garde-magasin du timbre, dont la comptabilité était d'ailleurs très-régulière, et qui avait à pourvoir à l'avenir de cinq enfants.

M. Lenir, alors chef du personnel, m'ayant, selon ses habitudes, reçu d'une manière impolie, j'eus l'insolence, à mon tour, le 8 novembre 1851, de lui proposer un cartel, qu'il travestit en menaces de mort, et de parler de réformes financières pour 1852 qu'il transforma eu menaces contre le gouvernement. Sur la plainte de M. Lenir, je fus arrêté dans l'hôtel même du ministère des finances, et conduit au dépôt de la préfecture de police.

Après vingt-huit heures de détention, je fus mis en liberté.

Malgré cet antécédent, je tentai, au Théâtre Français, dans la soirée du 22 octobre 1852, de remettre directement à sa Majesté l'Empereur une pétition qui avait pour objet, d'une part, de provoquer des réformes administratives, et, d'autre part, de demander une amnistie généreuse en faveur des insurgés du département du Var, qui, bien certainement et comme moi, avaient été plus égarés que coupables.

Je n'usai de ce moyen extraordinaire qu'après m'être convaincu que d'autres pétitions n'avaient pas abouti.

Mes projets de réforme étaient ceux que je développe maintenant.

L'appel à la clémence de Sa Majesté était rédigé en ces termes.

» L'EMPIRE, C'EST LA PAIX !

» L'EMPIRE, C'EST L'AMNISTIE !

« CAR TOUT GOUVERNEMENT FORT, S'IL VEUT ÊTRE DURABLE, DOIT SE » MONTRER HUMAIN ET COMPATISSANT ENVERS CEUX QUI NE FURENT » QU'ÉGARÉS.

« *Appel à la clémence de Sa Majeste Impériale, en faveur des insurgés* » *du département du Var.* » (*dont j'avais été te complice moral*).

Dans mon département j'ai vu trop de malheurs.

Prince, je fais appel au plus noble des cœurs,

A vous qui devenez toujours plus populaire,
Et qui des malheureux calmerez la misère.
Le Peuple tout entier est pour vous aujourd'hui :
Non, jamais plus beau jour sur la France n'a lui,
Jamais plus pur soleil n'embellit une fête,
Jamais de tant de cœurs on ne fit la conquête !
Qnel respect, quel amour ! Et comme, pour vous voir,
La foule se pressait, disant : « Il est l'espoir
» De l'ouvrier des champs, de l'ouvrier des villes ;
« Il a su nous purger des bavards inutiles,
« Et d'un vaisseau perdu prendre le gouvernail.
« De nos ennemis seuls il est l'épouvantail ;
« Mais celui qui, de près, admire sa figure,
« Comprend qu'il est humain ; car sa noble nature
« N'est qu'abnégation, courage et dévouement.
« C'est un prince si doux, un prince si charmant !
« Qu'il était gracieux, son limpide sourire,
« Quand la foule, a grands cris, lui demandait l'Empire,
« Afin que le pouvoir, stable, mais modéré,
« D'une féconde paix soit le gage assuré !
« Dans l'état de nos mœurs, l'Empire est nécessaire,
« Si nous voulons sortir d'une longue misère.
« Tout gouvernement fort doit être humain et bon,
« Et l'Empire sera le signal du pardon.
« Des gens mal inspirés peuvent dire : Châtie :
« Avec plus de raison son cœur dit : Amnistie ! »

Dans de telles circonstances, la police est naturellement très-ombrageuse.

Ma tenue était convenable : j'étais en gants blancs et en habit noir, et j'occupais une place de parterre.

Après le premier acte de *Cinna* et aussitôt que la toile fut baissée, je me levai ; et, me tournant vers la loge impériale, dont je n'étais pas bien loin, quoique je ue fusse pas en face, je présentai ma supplique. Sa Majesté, que je ne pus pas voir moi-méme, se trouvait en ce moment dans le fond de la loge et ne s'aperçut point de mes déma.ches.

Immédiatement arrêté, fouillé, et traité en conspirateur, je fus conduit au poste voisin, et, de là, au dépôt de la préfecture de police.

Le lendemain, avant midi, mon dossier d'employé était entre

les maius des personnes chargées de procéder à mon interroga
toire.

Il résultait de ce dossier :

Qu'au mois de juillet 1849, j'avais été suspendu de mes fonctions, pour avoir manifesté publiquement des opinions républi-
caines ;

Que, le 8 novembre 1851, j'avais fait à M. Lenir, chef du
personnel, des menaces de mort, et annoncé, pour 1852, le futur
triomphe du socialisme :

Et que ces accusations étaient pleinement justifiées par les
termes de la démission que j'avais déposée, le 30 septembre et le
1er octobre 1851, entre les mains de M. Tournus, directeur général de l'administration de l'enregistrement et des domaines,
démission dont l'original me fut représenté.

Voici ce que cette démission contenait de plus saillant :

« Si, avant de me nommer receveur à Saint-Aulaye, l'Admi-
» nistration avait daigné prendre connaissance de mon travail au
» bureau de Caylus, de mon rapport sur les causes de l'augmen-
» tation ou la diminution des produits, et de mes précis d'opéra-
» tions extraordinaires, elle aurait pu se convaincre que j'avais
» des droits incontestables à l'avancement, et qu'il y avait plus
» que de la dérision à me faire faire une nouvelle reculade, sur-
» tout après avoir mis prématurément mon père à la retraite.

» En s'obstinant à me reléguer dans les plus tristes résidences ;
» en s'obstinant à me refuser le pain nécessaire, après dix années
» de travail sérieux, de zèle soutenu et d'études opiniâtres ; en
» continuant à me placer entre la misère et la souffrance, entre
» l'indélicatesse et le besoin, je ne pourrais résister plus long
» temps, et un homme d'honneur ne doit pas accepter une posi
» tion immorale. Voilà, joints à ceux d'hier, monsieur le directeur
» général, les motifs qui me portent à persévérer dans ma dé-
» mission.

« Quoi qu'il en soit l'*Administration est bien imprudente; et, lorqu*
» *le socialisme la menace de toutes parts et tend à l'engloutir, elle*
» *devrait comprendre qu'il est de son intérêt de se montrer juste*
» *envers nous ;* car, d'après le principe qu'on n'est jamais mieux
» trahi que par les siens, elle s'expose à réchauffer plus d'un ser-
» pent dans son sein.....

» Ainsi que vous le voyez et que vous me l'avez dit vous-même
» dans notre dernière entrevue, je traite de puissance à puissance ;

»car si vous représentez la puissance administrative, en d'autres
»termes, l'arbitraire administratif, je représente le droit,et la jus-
» tice, et je ne connais aucuue puissance supérieure à celle-ci ! »

Je répondis aux employés de la préfecture de police qu'en effet
j'avais compté sur le triomphe du *socialisme honnéte* ; que j'étais
ennemi des abus administratifs et partisan du principe républicain de l'égalité devant la loi ; que mes projets de réforme étaient
indépendants de la politique, tout gouvernement, quel qu'il soit,
ayant intérêt à avoir de bonnes finances et à réprimer des abus
qui portent au Trésor un très-grand préjudice ; enfin, qu'il était
bien vrai que j'étais un conspirateur aussi incorrigible que résolu,
mais que je conspirais contre les *doctrines secrè es* de la coterie
centrale et non contre le gouvernement.

Je produisis, à l'appui de cette dernière opinion, plusieurs pièces
de vers que j'avais composées et qui témoigaient de mon dévouement enthousiaste pour Sa Majesté l'Empereur.

M. Tournus, afin de se débarrasser de moi et de mes critiques,
m'ayant fait passer pour un *républicain exalté* et même pour un
fou dangereux, la police jugea prudent, avant de me relâcher, de
s'assurer de ma personne et de m'envoyer à Charenton, cet établissement national étant, au besoin, une succursale de la préfecture de police.

Mieux valait encore être envoyé là que d'être transporté dans
quelque colonie lointaine, mesure qui, à mon égard, aurait paru
trop violente.

Quand, au Théâtre Français, je fis ma tentative, je savais
d'avance que, si elle avortait et si Sa Majesté l'Empereur ne me
prenait point sous sa haute protection, je serais arrêté à l'instant
même ; mais j'étais loin de me douter, je l'avoue, que, dès le
lendemain au soir, je serais dirigé sur Charenton.

Ma destinée était sansdoute de recevoir cette récompense de
mes bonnes intontions, afin que, libre envers l'Empire, de tout
don et de tout engagement, je puisse parler un jour avec la
sainte liberté de l'enthousiasme et du martyre.

A Charenton, j'entrevis bien des abus et je me permis de *plai-
santer* irrespectueusement et en vers. M. le docteur Calmeil,
malgré la grande réputation dont il jouit, à tort ou non, comme
médecin aliéniste. Cette petite satire me procura quelques mo-
ments agréables et me fit oublier mes chagrins.

La voici dans toute sa naïveté :

§ 1er — CE QUE C'EST QUE LE RÉGIME DE CHARENTON.

C'est un régime abrutissant,
Vrai régime de somnolence,
Bon pour l'être humain non pensant,
Mais fatal à l'inielligence !

§ 2. — CHARENTON ET M. LE DOCTEUR CALMEIL.

BICÊTRE, CHARENTON ! quels lugubres mystères
Renfermés dans vos murs ! Que de plaintes amères,
Quels profonds désespoirs, quels sourds gémissements,
Quels supplices cruels, quels affreux châtiments !
La science toujours est pleine d'imposture
Et de lourdes erreurs ; et l'humaine nature
Au grotesque Calmeil sert donc de piédestal !
D'un odieux orgueil aveuglement fatal !
Confondant la folie et l'humeur irascible,
Il ne doute de rien, se proclame infaillible
Et s'arroge les droits de la divinité.
Infligeons-lui dès lors un blâme mérité :
Que mon caustique vers, comme un fouet qui châtie,
A ce pédant inspire un peu de modestie.
CHARENTON ! j'ai donc vu tes funèbres hauteurs,
Séjour du désespoir et des longues douleurs,
Où, l'existence coule et triste et monotone,
Où, l'on vit sans amour, où tout vous abandonne,
Où, sans être coupable on subit la prison,
Où, loin de se guérir, on laisse sa raison,
Si, par son dévouement, quelque âme généreuse
Ne vous soustrait bientôt à la main ténébrsuse
D'un docteur basané, dont le *douteux savoir*
S'exerce sans contrôle, avec trop de pouvoir,
Et, qui, sans que son cœur de pierre s'en émeuve,
Vous garde trente jours à seul titre d'épreuve !
Quand on se voit traîner dans ce réduit fatal,
Peut-on ne pas sortir de son état normal ?
Et si dans votre sein bouillonne la colère,
Si, traité comme un fou, votre âme s'exaspère

Et laisse sourdement éclater sa douleur,
Il faudra d'un despote endurer la rigueu
Devant lui s'imposer un éternel silence
Et cacher avec soin ce qu'en secret on pense :
Ce qu'un savant affirme, un autre le dément
Et Calmeil, à lui seul, jugerait sainement !
Son gros nez aquilin, sa burlesque figure,
Peuvent servir de type à la caricature.
Gardez-vous de railler l'infaillible docteur !
Plutôt que d'avouer une grossière erreur
Et de se départir d'un hasardeux système,
Il vous réputera malade et fou quand même.
Vous parûtes ému. — C'est manque de raison :
Il fallait ne sentir aucune émotion,
Encore moins pleurer, car la mélancolie
Est l'indice certain d'une triste folie.
Fallait-il rire alors, paraître indifférent ?
— C'était plus qu'insensé, c'était inconvenant.
Devant ce petit nain dépourvu de tendresse,
Pouvait-on tout au moins parler de sa maîtresse ? (1)
— Mais c'était n'avoir pas l'ombre de la raison.
Et Calmeil me retint vingt jours à Charenton !

---

(1) Pure fiction poétique. Je n'avais alors aucune espèce de maîtresse, dans le sens ordinaire du mot. Ma maîtresse c'étaient mes douces illusions, mes délicieuses et chastes rêveries de jeune homme; mon enthousiasme réel et mon admiration profonde pour l'Empereur et l'Impératrice des Français, admiration et enthousiasme dont le temps n'a pu effacer l'intensité, et dans lesquels je persiste encore et plus que jamais.

C'est en grande partie à cause de cet enthousiasme que je n'avais pu contenir dans le secret de mon cœur et que j'avais fait éclater publiquement à Paris dans les journées des 16, 17 et 18 octobre 1852; c'est à cause de mon enthousiasme et de mon amour pour l'Empereur et l'Impératrice des Français que leur police inintelligente et niaisement susceptible m'avait traité de fou et fait conduire dans la maison des fous.

Mais cette lourde méprise ou cette lâche complaisance de MM.

Je dois néanmoins reconnaître que les agents de la préfecture de police montrèrent envers moi beaucoup de bienveillance et d'honnêteté ; et que, si j'ai été retenu à Charenton plus de deux ou trois jours, c'est parce que je refusai formellement de quitter Paris : la police me laissait, en effet, l'alternative d'Itre retenu jusqu'à nouvel ordre à Charenton, ou de retourner, *à mes frais*, dans ma famille, à Draguignan, département du Var.

Non-seulement je n'acceptai pas ces conditions, mais je déclarai même à M. Calmeil, médecin en chef de l'établissement, que ma détention étant arbitraire, et aucun membre de ma famille n'y ayant consenti, pas plus que moi, je plaiderais contre l'établissement, si l'on entendait me faire payer comme les malades ordinaires. Je demandai en conséquence, à être transféré à Bicêtre, *aux frais de la police ;* ce à quoi l'on ne se refusa point (1).

---

les docteurs Lassègue et Legrand du Saulle, n'a pas ébranlé mes convictions : conformément aux maximes de l'Evangile, j'ai rendu le bien pour le mal ; et je me suis même attaché d'avantage à leurs Majestés par tout ce qu'on m'a fait souffrir injustement en leur nom !

A bientôt vingt-cinq ans de distance et malgré l'éloignement de l'exil, je sens pour eux dans mon cœur la même chaleur. L'affection sincère que j'avais pour le père se reporte sur le fils que j'ai vu tout petit enfant, dans toutes les grâces et toute l'innocence du jeune âge.

Je puis le dire dès lors et après une longue expérience : l'amour sincère et véritable, est comme une flamme éthérée, divine, et qui ne meurt jamais. On sent que cet amour n'a rien de matériel, qu'il est réellement d'une nature spirituelle. N'aurais-je d'autre preuve de l'immortalité de l'âme que celle-là, que j'y croirais profondément et sans hésiter !

(1) Un médecin aux formes porcines, M. le docteur Legrand du Saulle, s'est servi de cet antécédent pour me faire passer, en 1870, pour *un habitué de Charenton et de Bicêtre;*

J'ai rendu compte de ce fait dans une brochure in-8, de 52 pages in-8, serrées, y compris la couverture, avec addition d'un feuillet tiré à part; brochure dont voici le titre complet:

Quand on se fut bien convaincu que je n'étais *ni fou, ni dan-gereux*, on me mit en liberté sans aucune espèce de condition, en vertu d'un certificat délivré par M. Moreau, alors médecin en chef de l'établissement de Bicêtre et qui, en 1870, habitait à Paris, rue Bonaparte, 17 ; j'en appelle à ses souuenirs.

Ce certificat était ainsi conçu : « Depuis son entrée à Bicêtre,
» je n'ai aperçu aucune trace de l'excitation mentale, qui paraît
» avoir dominé ce malade à l'époque où il a dû être séquestré. Il
» doit être rendu à la liberté. »

Hommes de la science médicale, mettez-vous au moins d'ac-cord ! Bien qu'à Bicêtre, où je me trouvais certainement très-mal, je fusse beaucoup plus souffrant et beaucoup plus fatigué qu'à Charenton, M. le docteur Moreau a reconnu. dès le premier moment que j'étais parfaitement sain d'esprit. *Il s'est montré fprt étonné de ce que, pour si peu de chose, son collégue m'eût fait subir à Charenton une captivité de 19 jours.* Il ne m'a jamais traité en malade, ne m'a pas prescrit le moindre remède, et il a même même eu la franchise de m'avouer que la police ne me retenait à Bicêtre que par mesure de prudence.

On m'envoya en effet un *mouton*, pour me faire parler.

Je lui répondis qu'adoptant la maxime du fabuliste :

 « *Le sage crie, selon le temps, Vive te Roi, vive la Ligue.* »

J'étais un réformateur, paisible et non dangereux, un *réforma-teur solitaire*, partisans de tous les gouvernements qui feraient respecter le droit et la justice. Il se tint pour dit.

D'après un aveu que me fit plus tard M. le Dr Moreau, après ma sortie de Bicêtae, un jour qu'il me rencontra sur le bovlevard Montmartre, à côté du passage Jouffroy, il paraît que M. Tournus

---

De la séquestration arbitraire dans les maisons de santé. — Nécessité d'adoucir et de modefier le régime de ces établissements et d'en réformer le haut personnel désigné dans une liste spéciale. — Brochure tirée à deux cènts exemplaires. Prix: 2 fr.

On trouve, à la suite, un appel fait à la protection de Dien et de Jeanne Darc, relativement à la guerre de 1870, et les discours prononcés à ce sujet dans diverses réunions publiques. —

Paris, chez les principaux libraires. — Décembre 1870. — mprimerie de Dubuisson et Ce, rue Cop Héron, 5.

alors directeur général de l'Enregistrement et des Domaines, n'avait pas la conscience tranquille, et qu'il pensait qu'avec mon caractère de corse et de méridional, je pourrais bien, à ma sortie de Charenton et de Bicêtre, lui enfoncer un petit bout de stylet dans le cœur. (Et les occasions ne m'auraient pas manqué ; car même sans le vouloir, j'ai rencontré au moins dix fois M. Tournus dans les rues de Paris, notamment dans la rue Castiglione).

M. le Docteur Moreau tenait ces renseignements du fils même de M. Tournus.

Je répondis à M. le médecin aliéniste que je n'en voulais nullement á la vie de M. le Directeur général, et que l'arme d'un honnête homme serait toujours la plume et non le poignard de l'assassin !

C'est donc dans l'unique intérêt de sa coeservation personnelle que M. Tournus avait donné à la police le conseil de m'éloigner de Paris. Et, c'est ainsi que les personnes haut placées font souvent leurs propres affatres, en paraissant n'agir que pour le compte du gouvernement.

Si, à Bicêtre, je fus habillé, nourri et logé gratis, bien qeu d'une manièue très-sale et nullement commode, il n'en fut pas de même à Charenton. Comme je ne voulais payer que contraint et forcé, on fit une opposition officieuse sur les fonds de mon cautionnement, ainsi que le constate la quittance dont je possède l'original et que je vais transcrire :

« Ministère de l'Intérieur. Maison nationale de Charenton.
» Reçu de M. Campmas, employé à la direction de la dette ins-
» crite, la somme do quarante et un francs, quarante centimes,
» pour solde du compte de M. Roustan, ex-pensionnaire de la
» maison de Charenton.

« Paris, le 16 Décembre 1852.

» Le Receveur-Comptable, Daulnoy. »

Ainsi, quand on n'a pas eu des motifs suffisants pour me livrer aux tribunaux (1), on m'a livré à la pulice ; et, chose cruel-

---

(1) En vertu d'un arrêt de la cour impériale de Paris, chambre des appels de police correctionnelle, en date du 22 janvier 1858, j'ai subi, en 1859, à Valenciennes (Nord), trois mois de prison,

lement plaisante, *après m'avoir fait passer pour fou et m'avoir fait traiter cpmmé tel, on m'a gardé rancune*; ce qui était une énorme maladresse : cet envoi à Charenton et à Bicêtre m'avait abattu et démoralisé, tandis que j'ai repris mes forces et, par suite, toute mon audace, du moment que j'ai pu me convaincre que les colères que j'avais provoquées, pour être plus sourdés, n'en étaient que plus durables (1).

'Un pauvré fou, me disais-je, même lorsqu'il est guéri, excite un sentiment de pitié et de commisérrtion : on le plaint, mais on ne le hait pas.

Eh bien ! qu'on rapproche ces deux dates significatives, et l'on pourra porter un jugement sûr : Je suis sorti de Bicêtre le 25 novembre 1852 et je n'ai été replacé que le 9 juillet 1855, sur la demandé spéciale de M. Mareau, mon beau-Pèie, alors receveur de l'enregistrement et des domaines à Metz (Moselle).

Dans cet intervalle, Dieu sait tout ce que j'ai souffert !

En ce qui me concerne, et ainsi que je l'avais dit dans ma préface des *réformes urgentes* (voir la page 199), je n'avais cité de noms propres et publié une correspondance administratives que par amonr de la vérité, et dans la crainte qu'on ne prît mes affirmations pour le rêve d'un cerveau malade.

Si, dès lors, vous nommez les personnes avec preuves à l'appui vous vous rendez coupable de diffamation et vous vous exposez à

---

par suite de la *publication* faite à Paris, en 1857, d'un volume in-8°, avec ce titre : *Des réformes urgentss à opérer dans l'administration de l'Enregistrement et des Domaines.*

M. Tournus, alors directeur-général, se prétendant diffamé, avait porté plainte en son nom personnel. Sur ce chef, je fus absous.

En somme, je ne fus condamné que sur des critiques générales qui certainement étaient fondées, et dont les successeurs de M. Tournus, décécé en 1863, ont fait, depuis, leur profit.

(1) Les particuliers meurent mais les corps collectifs ne meuren, potnt. Les mêmes passions s'y perpétuent ; et leur haine ardentet immortelle comme le démon qui l'inspire, a toujours la même activité.

(J.-J. Rousseau, *Réveries*, 1ʳᵉ Promenade)

être traduit devant les tribunaux ; et si, au contraire, vous vous
en tenez à de simples allégations, sans produire aucune preuve,
vous êtes traité d'imbécile et de fou.

Avec une telle jurisprudence et avec une tacticte aussi habile,
les partisans des abus seraient trop à leur aise, si l'on n'avait pas
le courage de déjouer leur manœuvre occultes et leurs ealhuls as-
tucieux.

Aussi, pouvons-nous affirmer que le règne des sycophantes
administratifs et politiques touche à son terme !

Extrai, pages 350 à 357 d'un ouvrage prohibé en France par la
police impériale, imprimé à Bruxelles, rue Pachéco, n° 12, par
Guyot, en 1859, dont je transcris littéralement le titre : *Considé-
rations administratives et politiques sur l'insuffisance du traitement
des préposés de l'administration française de l'Enregistrement et des
Domaines, par Fortuné ROUSTAN, receveur en disponibilité de la
même administration, détenu dans les prisons de Valenciennes, du
28 Novembre 1858 au 11 Février 1859 (trois mois par suite de la
publication, faite en France, de son ouvrage des RÉFORMES
URGENTES à opérer dans l'administration de l'Enregistrement et
des Domaines, 2ᵉ édition), et du 7 au 24 Novembre 1859 (17 jours
arbitrairement et en vertu des lois de sûreté génèrle, par suite de
de la publication, faite à Bruxelles, d'un autre de ses ouvrages :*
LE LIBRE-ÉCHANGE, LA DOUANE ET LES CONTREBAN-
DIERS.

L'introduction en France de la livraison de L'INSUFFI
SANCE DU TRAITEMENT, 2ᵉ livraison comprenant les pages
185 à 428, a été expressément et arbitrairement prohibée par
décision du ministre de l'intérieur :

Ces deux publications avaient pour épigraphe :

> « La force a fait les premiers esclaves :
> » Leur lâcheté les a perpétués ! »
> (J.-J. Rousseau. contrat social).

---

(2) *Plus que l'Orléanisme et le sang détesté*
Qui prend l'orgueilleux nom de légitimité.

Devant Dieu et en fait de race Royale ou de race quelconque
destinée à régner, aucune n'est légitime, en ce sens que l'avenir
oive lui appartenir exclusivement.

Dieu, dans ses décrets éternels, se sert tantôt d'une race royale, tantôt d'une autre, alternativement et, avec des soluttons de continuité.

Il ne donne aux peuples que les gouvernements qu'ils méritent; et, à titre de châtiment ou de bénédiction, il abaisse ou élève tour à tour telle race ou telle autre (*confregit in diœ irœ suœ reges*).

L'avenir n'appartient plus à Henri V. Cet énervé ne règnera jamais sur la France. Il y a dans cette famille des crimes secrets et des turpitudes publiques qui ont attiré sur elle la juste colère de Dieu. Le long martyre du masque de fer est au nombre de ces crimes; et voilà pourquoi Dieu frappe maintenant cette race de stérilité !

La race orléaniste est encore plus coupable devant Dieu et ne pourra jamais régner qu'à titre de châtiment et de calamité publique ! C'est une pseudo-race qui n'est pas même de sang royal. L'océan tout entier ne suffirait pas à laver les taches qui la souillent.

Les anathèmes qui sont lancés dans ma prophétie contre la *Legitimité* ne s'adressent qu'au *sang royal* et nullement aux personnes très-honorable de ce parti.

A la dynastie des Bourbons, Dieu entend substituer celle de Napoléon IV. Une fusion est d'ailleurs impossible ; car, lorsqu'une race royale négénère et s'épuise, on doit la laisser s'éteindre et non penser à la renouveler. Ce que les légitimistes ont dès lors de mieux à faire, c'est de se rallier franchement au gouvernement de Napoléon IV, comme l'honorable M. de la Rochejaquelein et M. le marquis de Partoret se sont ralliés en 1851, au gouvernement de Napoléon III. Cette politique de conciliation est conforme aux volontés du ciel et doit plus que jamais être adoptée.

Permettez-moi, messieurs, de vous dire maintenant un mot sur mon séjour à Bicêtre.

(*Murmures prolongés. Assez, assez ! Nous né voulons pas d'un orateur intarissable d'un Férouillat numéro deux*).

L'orateur laisse passer ce tumulte et reprend son discours avec l'esprit de douceur et de calme d'un pauvre halluciné.

Messieurs leur dit-il, vous ne m'avez pas toujours parmi vous, car je ne suis pas un orateur ordinaire; je ne tiens à parler qu'une fois, mais au moins une bonne fois, et à rentrer dans mon néant et mon silence.

L'ordre du jour n'est point chargé, puisque c'est la seule cause inscrite au rôle. (Se tournant vers la droite et vers les Bonapartistes), permettez-moi donc, messieurs, de faire appel à une bienveillance dont vous m'avez déjà donnée tant de preunes. Si j'entre dans certains détails personnels, croyez-le bien, ils ne sont pas étrangers à m n sujet; car il s'agit d'établir que je n'ai jamais été fou, que par la suite, *il est bien certain que Dieu et Jeanne d'Arc m'inspirent*; et que peu de temps dès lors et avec leur aide, la France régénérée par le sentiment religieux, recouvrira et conservera pour longtemps l'Alsace et la Lorraine (*Applaudissements à droite et du côté des Bonapartistes*).

Je suis né à La Roquebrussane, département du Var, le 20 décembre 1821. Le mot Roquebrusanné signifie *Roc brun*, et mes ennemis affirment que j'ai la tête aussi dure que les rochers de mon pays natal (*Rtres*). Ces mots du psalmiste, *in pitra exaltavit me*, me sont peut-être applicables (*Nouveaux rires*).

Quelques temps avant sa mort, je demandai à mon excellent et vertueux père, Emmanuel-Jean-Paul Henri ROUSTAN, décédé gorde-magasin contrôleur du timbre à Draguignan (Var, au mois de mars 1854, si. à ma naissance, il s'était passé quelque chose d'extraordinaire. — Oui, répondit-il, car jamais on ne vit un enfant venir au monde d'une manière aussi brusque et d'un air aussi résolu. S'il faut dès lors en croire mon pauvre père *Jean-Paul* (Thérèse MERCURIN, sa mère, le nommait ainsi); s'il en faut

croire mon père Emmanuel-Jean-Paul-Henri ROUSTAN, je
fus audacieux dès le sein de ma mère, et ma naissance fut
celle d'un casseur de vitres (*Rires prolongés*). Je m'en doutais d'autant moins que mon enfance et ma jeunesse furent
des plus obscures et des plus timides, et que j'ai toujours eu,
avec un grand fond de naïveté, le caractère simple et sans
malice de mon bon et infortuné père *Jean-Paul*.

Si mon plaidoyer a du succès, comme il n'est pas mon
œuvre mais bien celle du Saint-Esprit et de Jeanne d'Arc,
je m'oppose formellement à ce que mon portrait soit rendu
public. Les auteurs, tels que mon confrère EMILE (voir son
volume compilatif sur *l'impôt*), qui annoncent avec fracas
la vente simultanée de leur portrait et de leurs indigestes
élucubrations, manquent à toutes les lois de la décence et
de l'humilité, et s'attirent le juste dédain des hommes de
tact et de bon goût.

J'autorise mes ennemis à dire publiquement que je suis
un *ancien pensionnaire forcé, et seulemnet pour quelques jours
de Charenton et de Bicêtre*, établissements où l'on ne m'avait
enfermé, ainsi qu'on l'a vu, que par suite d'une fausse
appréciation de mes actes et de mon caractère. Mais si mes
ennemis me traitaient sérieusement de fou, ou d'ancien
pensionnaire réel de Charenton et de Bicêtre, ma position
de père de sept enfants vivants, sur douze que j'ai eus, et la
nécesité de ne point laisser pour tout hétitage à ces mêmes
enfants un nom obscur et avili, m'obligerait, contre mon
gré, à livrer impitoyablement les calomniateurs à toute la
sévérité des tribunaux.

Ma femme m'a déclaré trés-expressément qu'elle aimerait
mieux recevoir sur le dos, et même sous la plante des pieds,
cinquante coups de nerf de bœuf, que de me voir reprendre
la plume. A son point de vue, ma femme a raison et parfaitement raison ; car ma carrière littéraire ne lui rappelle

que de cruelles souffrances précédées ou accompagnées de saisies arbitraires et préventives, d'amendes et de frais de toute nature, d'arrestations et d'emprisonnements plus ou moins mérités, de séjours onéreux en Belgique et ailleurs, et d'autres émotions et péripéties tout aussi triste et douloureuse. Mais si l'écrivain ainsi traqué et poursuivi peut prouver qu'il a toujours été irréprochable, et qne, depuis bientôt vingt-cinq ans, la calomnie pèse sur lui, il est de son devoir, en rétablissant la vérité des faits, de sauvegarder son honneur et celui de ses sept enfants. La tranquilité d'une mère de famille innocente et malheureuse, et qui n'a amais approuvé les hardiesses de son mari, ne doit venir qu'après.

Je reviens donc à mon séjour à Bicêtre.

Là je fus obligé de par les règlements administratifs, d'endosser le costume du pauvre et du mendiant (une longue capote de militaire, bleu clair, dont les manches étaient trop courtes d'un tiers de mètre, et un grossier chapeau de paille tout aussi bien approprié à ma figure).

Je me consolai de cette *humiliation volontaire* par le distique suivant :

« *De l'amertume, hélas, épuisons le calice;*
» *Et, résigné, du pauvre endosssns le cilice.* »

Sous ce costume pittoresque avec ma grande taille, ma maigreur, monteint pâle et mes longs bras, je devais ressembler assez bien à mon confrère Don Quichotte, dont je poursuis les idées, mais avec plus de succès je l'espère.

Dans un ouvrage non signé publiquement, et ayant pour titre : *Victorine, ou l'histoire très-véridique d'une jolie femme du quartier Breda; Paris, chez tous les libraires du Palais Royal et chez l'auteur, rue Richelieu,* 49 (1); — 1854; In-12, de 126 pages, en fins caraactères, je définis aussi le régime matériel de Bicêtre (pages 114 et 115).

« Dans le dortoir commun, on se livre, toutes les nuits et
» continuellement, à de si dégoutantes ordures, que, pour
» me soustraire à tant d'horreurs et de saletés, je deman-
» dai et j'obtins, par faveur spéciale, la loge décente et soli-
» taire du fou furieux.

» Ces saletés sont tellement révoltantes, que nous croyons
» utile d'en quelques mots, dussions-nous blesser les oreil-
» les les moins délicates.

» Dans chaque dortoir commun, composé d'environ 72
» lits, un seul vase de nuit, en tôle, renfermé dans un coffre
» en bois et assez semblable aux ustensiles qui reçoivent le
» résidu et les eaux sales du ménage, sert pour vingt ma-
» lades. Or, les lieux d'aisances de l'établissement sont
» tellement infects et peu commodes, que beaucoup de
» ces malades attendent l'heure du coucher pour satisfaire
» complétement aux plus honteux besoins. Le dortoir
» commun (qu'on nous passe cette expression, quelque
» crue et quelque peu garée qu'elle soit, car nous la croyons
» nécessaire pour rendre exactement notre idée), *le dortoir*
» *commun est donc transforme toutes les nuits en latrines*, et
» c'est aux pieds de votre lit, que de pareilles ordures ont
» lieu, non pas accidentellement, mais sans cesse, et à tour
» de rôle.

» Tantôt c'est un malade en proie à des coliques qui vous
» éveille au bruit de ses nauséabonds efforts ; tantôt c'est
» un autre malade qui, bien que se livrant à une opération
» moins dégoûtante, fait le remue-ménage le plus complet
» et apporte à votre odorat les parfums les plus pesti-
» lentiels.

» Cet agréable passe-temps est à peine interrompu de
» quart d'heure en quart d'heure ; c'est toujours l'un ou
» l'autre qui se lève, et il est tels individus auxquels cela
» arrive trois et quatre fois de suite.

» Voilà avec quelle aimable compagnie on avait jugé à
» propos de placer l'auteur de cet ouvrage ! comme on doit
» le penser, il ne pouvait fermer l'œil. Une fois même, il
» pria et supplia le garçon de la salle d'enlever le coffre à
» parfums et ses ordures. Celui-ci ouvrit alors le vase à peu
» près de la même manière qu'un cuisinier ôte le couvercle
» d'une casserolle pour s'assurer qu'un mets cuit convena-
» blement, et il se contenta de répondre : *Oh ! ce n'est en-*
» *core plein qu'à moitié*; après quoi il referma le vase sans
» émotion comme sans dégoût.

» Ces saletés, à Bicêtre, sont passées à l'état normal et
» forment en quelque sorte le pain quotidien du régime
» nocturne.

» *C'est aussi un moyen très-ordurier de demander et au*
» *besotn de forcer l'étrenne*; et c'est ce qui exelique pour-
» quoi, n'ayant pas eu la précaution de donner en gâteau
» pécunière au cerbère de la salle, le coffre à parfum fort,
» la seconde nuit de notre installation, placé aux pieds
» même de notre lit.

« Il est difficile qu'une personne délicate s'habitue à un
« tel régime ; et il il serait à désirer, ce nous semble, qu'on
» fit le triage, d'une part, de éeux qui aiment la propreté
» et, d'outre part, de ceux qui, comme les pourceaux les
» plus immondes, se trsuveraient parfaitement à l'aise
» dans les cloaques les plus infect. On pourrait ainsi, sépa-
» rer l'épi de l'ivraie et épargner à certaines organisa-
» tions les supplices les plus douloureux.

« A Charenton, où il s'agit cependant du même per-
» sonnel, cette séparation est faite avec soin ; aussi n'y
» avons-nous jamais vu de pareille infamie. Il y a donc
» moyen de les éviter, et Bicêtre ne devrait pas avoir le
»' honteux privilége des turpitudes les plus dégoutantes ! »

C'est par allusion sans doute à mon costume de pauvre et de mendiant et au fumier dans lequel j'ai vécu à cette époque, que, depuis bientôt douze ans, depuis le mois de novembre 1864, le Démon, sans doute pour se moquer de moi ne cesse de me souffler à l'oreille que ces paroles du psalmirte : *suocitans à terrâ inopᵣém et de sterᴐore erigens pauperem ut collocet eum cum principus poouli Sni*, me sont applicables ; et que le prince dffnt il s'agit est bien Napoléon IV. (*Vifs applaudissements d'un côté de la chambre ; Rumeurs, sarcasmes et rires prolongés du côté de la gauche entière*).

La Séance reste interromtue pendant *quelques minutes.*

L'orateur reprend ainsi son discours:

J'arrive à ma troisième prophétie principale, sans parler des prophéties accessoires (*Mouvements*).

Troisième prophétie.

Cette prophétie, qui a également date certaine par l'impression, est contenu dans un écrit de 36 pages en petit in-8°, publié à Bruxelles et à Paris, et dont je transcris littéralement le titre.

» L'ANTI-LABIÉNUS

» PLUS DE LOIS DE SURETÉ GÉNÉRALE !

» *Juste appréciation de l'Empereur Napoléon III*

Par FORTUNÉ ROUSTAN

Son mamelouk moral.

DEUXIÈME ÉDITION

« NOTA. — La *Petite Revue*, éditée à Paris, rue de
» Richelieu, 78, par René PINCE-BOURDE, et plusieurs
» grands journaux de Paris et de Bruxelles, ont donné
» ironiquement à l'auteur cette qualification de mamelouck,
» qu'il prend dès lors à titre de représailles et d'une ma-
» nière sérieuse. Le seul moyen, en effet, de n'être pas
» atteint par le ridicule, c'est de le braver ouvertement et
» publiquement, et de se mettre au-dessus de lui !

» BRUXELLES ET PARIS

» CHEZ TOUS LES LIBRAIRES

» *Juillet* 1865

(Tous droits réservés).

Ma troisième prophétie est insérée à la page 24 (*nota*),
de la brochure dont il s'agit, et en ces termes :

« Exalté, halluciné, ou parfaitement calme, j'ai tou-
» jours les mêmes sentiments ; oui, j'affirme que Notre
» Seigneur Jésus-Christ, surtout, après que j'ai eu le
» bonheur de le recevoit dans la sainte communion, *et à*
» *moins que, depuis plus de six mois, je ne sois dupe d'une*
» *illusion persistante,* me dit que l'avenir politique appar-
» tient réellement à S. M. Napoléon III et à sa dynastie,
» et que l'Empereur règnera au moins vingt ans encore et
» sera remplacé pacifiquement par le prince impérial,
» *mais à la charge de protéger le Pape et le catholicisme, et*
» *de continuer à réptimer l'impiété et les excès de la presse.* »

« Bruxelles, le samedi 13 mai 1865, hôtel de l'Amitié,
» place Rouppe n° 8. »

Nota. — Les mots soulignés ci-dessus sont également
soulignés dans la prophétie originale.

Moi-même et tant que j'ai fréquenté les sacrements de
pénitence et d'eucharistie, je n'ai jamais douté que cette
prophétie ne m'eût été inspirée par Notre-Seigneur Jésus-
Christ lui-même.

Napoléon III, sous l'empire d'une fausse sagesse humaine, qui n'est point la sagesse selon Dieu ; Napoléon III
ayant fait l'inverse de ce qui est indiqué comme condition
de l'accomplissement de la prophétie, c'est-à-dire ayant
laissé propager partout et jusqu'au fond des campagnes
l'odieux livre du misérable Renan et ayant cessé de réprimer vigoureusement l'impiété et les excès de la presse ;
Napoléon III a été justement puni par Dieu, ainsi que la
France sa complice.

Mais maintenant que la faute est suffisamment expiée de
part et d'autre la France se relèvera en revenant à des

sentiments plus religieux et en rendant un hommage public et solennel à la divinité de Notre-Seigneur Jésus-Christ.

Que la France renaisse donc à la vie et à l'espérance; car le temps des miséricordes approche ; et, dans un avenir assez prochain, trois événements remarquables auront lieu successivement.

D'abord la canonisation de Jeanne-d'Arc, qui sera invoquée comme une très-grande sainte et qui deviendra la protection spéciale de la France.

Ensuite, l'avénement au pouvoir de Napoléon IV et des légitimistes, ses guides et ses alliés.

Enfin, l'expulsion définitive des Prussiens de la Lorraine et de l'Alsace. Ils en sortiront bien plus rapidement qu'ils n'y sont entrés.

Si l'ex-empereur des Français est tombé si prématurément du pouvoir et si le chagrin qu'il a ressenti de cette chute méritée a largement contribué à sa mort précoce, il ne doit s'en prendre qu'à lui-même et à ses agents. Je n'ai cessé de l'avertir que ces derniers abusaient des lois de sûreté générale. (Voir les pages de 5 à 14 de ma brochure : *Plus de lois de sûreté générale. — Juste appréciation de l'Empereur Napoléon III, par le* MENDIANT EN HABIT NOIR *de la Chambre des representants belges ; Bruxelles, juillet* 1865.

Quoique je fasse, à cette époque sans aucune espèce de fortune (ma position s'est améliorée depuis), si je me rendis exprès à Bruxelles, m'imposant toute espèce de privations, afin d'éclairer par la voie de la presse, un Empereur que personnellement j'ai toujours aimé, et que l'on poussait dans une voie fausse et dangereuse. Mais brochures n'arrivèrent pas jusqu'à lui et son incapable entourage le fit enfoncer de plus en plus dans un bourbier infect et politique dont Sédan fut le dernier mot. Oui, ce fut bien là, pour lui et pour la France, le châtiment et l'expiation.

Si ma raison et mon cœur sont dés lors pour l'Empire, je suis bien loin de vouloir en ressusciter les abus.

Un abus très-criant, c'était la séquestration arditraire, dans les maisons de fous (Charenton, Bicêtre. Sainte-Anne) de tout individu qui portait ombrage à la police impériale ou à quelque ministre tout-puissant: témoin l'affaire Sandon, Larivière, Lermina.

Les maisons de santé sont sous la direction de médecins en chef généralement athées ou matérialistes. Or, les médecins matérialistes ou athées ne pourront jamais guérir les fous.

Dieu et Jeanne Darc m'ordonnent dès lors d'affirmer énergiquement la doctrine suivante :

Ainsi que l'enseigne expressément l'Evangile, la folie est produite par un mauvais esprit invisible, un démon qui, *par la permission de Dieu et come châtiment,* entre pour un temps. plus ou moins long dans le corps d'un homme ou d'une femme, et y produit des lésions organiques. La folie, il est vrai, est le résultat matériel de ces lésions ; mais c'est le mauvais esprit invisible qui produit cette lésion. La lésion cérébrale ou autre, est donc, si l'on veut, la cause occasionnelle de la folie ; mais la cause réelle et efficiente, c'est bien le démon.

Il y a deux sortes d'esprits : les bons et les mauvais.

Les bons esprits font régner, comme Dieu, l'ordre et l'harmonie : on les reconnuît à leurs œuvres et à leurs bonnes inspirations.

Les mauvais esprits n'aiment que la guerre et le désordre : comme on dit vulgairement, ils ne cherchent que plaies et bosses, et sont les instigateurs de tous les crimes.

Un bon artiste ne peut faire admirer son talent, que si l'instrument dont il se sert est d'accord et en bon état.

Pour l'âme, le corps est son instrument : le mauvais

esprit dérange cet instrument et produit la plus horrible cacophonie.

Le bon esprit, au contraire, conserve et améliore cet instrument et produit les plus harmonieuses consonnances.

Les médecins aliénistes qui prétendent guérir les fous par des douches ou d'autres supplices cruels, se trompent grossièrement, même en cas de guérison réelle, ils s'attribuent un mérite qu'ils n'ont pas. Au temps fixé par Dieu comme terme du châtiment, l'esprit mauvais aurait, sans leur intervention, quitté le corps du malade, et celui-ci serait revenu tout naturellement à la raison. C'est Dieu seul qui donne l'intelligence et qui seul l'ôte quand il lui plaît.

La meilleure manière de guérir les fous, c'est la prière fervente et sincère, une charitable commisération et les bons procédés.

Des religieux en état de grâce et ordonnés prêtres devraient seuls dès lors diriger les maisons de santé. Les médecins athées ou matérialistes sont, pour ces maisons, une véritable peste !

Il faut les en expulser immédiatement et impitoyablement. *Dieu et Jeanne Darc qui m'inspirent présentent ce que j'écris, le veulent et l'ordonnent.*

En attendant cette réforme indispensable, un simple certificat de médecin ne suffira plus pour faire envoyer dans une maison de fous; il faudra l'avis conforme du tribunal, après débat contradictoire.

Dans les maisons de santé, il se commet des crimes secrets qui restent impunis (j'en ai été témoin). On y maltraite des malades de la manière la plus horrible (j'en ai été témoin); des gardiens brutaux vont même jusqu'à les assommer (j'en ai été témoin).

Le gouvernement de l'ex-Empereur Napoléon III s'était rendu coupable de séquestrations arbitraires dans les maisons de fous, n'ayant rien fait pour améliorer le régime *moral* de ces établissements, qu'il a laissé diriger par des médecins athées ou matérialistes; *le gouvernement de Napoléon III est, sur ce chef, d'infamante mémoire; Dieu et Jeanne Darc m'ordonnent de lui infliger cette flétrisssure publique, afin que, Napoléon IV ne marche paoint dans les mêmes voies et ne laisse pas commettre impunément de pareils crimes.*

Ces crimes restés impunis ont contribué pour une bonne part à la chute de Napoléon III.

Je reviens à mon sujet.

A Bruxelles et au moment même où je faisais imprimer une brochure en faveur de Napoléon III, j'en étais réduit, pour vivre, à faire appel à la charité des passants, et je déclamais, à l'extrémité de la galerie Saint-Hubert, opposée à la rue de la Madeleine, une pièce de vers républicaine, que je n'ai jamais fait imprimer et qui a pour titre :

UNE VISITE AU PANTHÉON EN 1851

Au Panthéon j'ai vu ce qu'on peut voir de pire ;
J'ai vu traiter en Dieux de croûtes de l'Empire,
De ces hommes vendus, complaisants sénateurs,
Qui ne méritent pas, certes, de tels honneurs.
Quoi ! Vous déifiez ainsi le servilisme,
Le manque de courage et l'ignoble égoïsme !
Si désormais telle est la destination,
Je ne t'admire plus superbe Panthéon !
A peine si j'ai vu, dessous tes catacombes,
Quelques noms glorieux, quelques illustres tombes.
La France a produit plus que Voltaire et Rousseau.
De tant de morts fameux où donc est le caveau ?

Où notre conducteur, pressé d'en finir vite,
A par trop abrégé notre courte visite ;
Ou bien ceux qui se sont élevés au pouvoir,
Presque sur les tombeaux ont placé l'éteignoir !
Panthéon ! (De colère ici mon front se ride),
Quoi ! tu ne serais donc qu'une demeure vide ;
Tu me recèlerais, fortueux monument,
Pas dix hommes de cœur, dix hommes de talent !
Quand leur nom vénéré figure dans l'histoire,
On ne le trouve pas au temple de mémoire !
Mais à quoi sers-tu donc ? Fais connaître ton but.
Si tu dois abriter des héros de rebut,
Dès aujourd'hui je vais faire fermer ta porte
Et publier partout que notre gloire est morte ;
Qu'en France l'on n'a pas le plus simple bon sens.
Qu'on recule toujours, qu'on marche à contre sens,
Qu'on n'estime jamais que les gens de fortune
Et que le Panthéon subit la loi commune !

On le voit, au fond, je suis républicain, dans le sens
hounête du mot ; ou, si l'on aime mieux, je suis un irréconciliable ennemi des abus et un partisan énergique de l'égalité devant la loi. Si je ne craignais point dès lors
de me donner une importance ridicule et que je n'ai
certainement pas, je pourrais peut-être dire, avec quelques apparence de raison, en me transportant à un avenir
qui ne tardera pas à se réaliser :

(L'Empereur et moi sommes deux têtes faites pour nous
comprendre.

« So Majesté Napoléon IV représente ce qu'il y a de no-
» ble et d'excellent dans le principe despotique. Je crois
» représenter à mon tour, ce qu'il y a de noble et d'excel-

» lent dans le principe républicain : car l'Empirs n'est, à
» mes yeux, que l'heureuse association du principe d'au-
» torité, avec le principe révolutionnaire. » (Pages 41 et
42 du *Croit de pétition devant le Corps législatif*).

C'est ce que j'ai développé sous une autre forme, dès les
premières pages de mes *démêlés avec la police de Paris*.

« Sire,

» Comme vous j'appartiens à la révolution de 1789 et à
» l'empire. Mon grand-oncle, le conventionnel Ricord, fut
» un des trois commissaires, qui, en 1793, montèrent à
» l'assaut de Toulon, de compagnie avec un jeune homme
» inconnu jusqu'alors et qui remplit bientôt le monde entier
» de sa gloire.

» Mon aïeul paternel était garde-magasin des approvi-
» sionnements dans l'armée d'Italie; et, en 1815, le capi-
» taine Roustan, mon oncle, à peine âgé de trente ans et
» décoré sur le champ de bataille, brisa son épée plutôt que
» de la mettre au service des Bourbons.

» Quoi qu'il en soit, et en ce qui me concerne, je suis né
» avec le plus malheureux des défauts, surtout pour un
» fonctionnaire public. Il paraît qu'un sang révolution-
» naire bouillonne dans mes veines, et je n'ai jamais su ni
» flatter ni rendre flexible mon épine dorsale. Aussi, quel-
» que illustre que soit votre nom, je ne m'étais nullement
» laissé séduire par le prestige qu'il inspire.

» Quand au 10 décembre 1848, le peuple, par une es-
» pèce d'instinct, vous acclamait déjà Empereur avec le
» plus vif enthousiasme, je ne pensais qu'à Ledru-Rollin
» et aux charlatans du socialisme. Tandis que vous médi-
» tiez en silence, ils faisaient grand bruit et grand embarras,
» vous dépeignant comme un Prince d'une intelligence à
» peu près égale à celle du crétin. Je tirai de cette affirma-

» tion la conséquence que les socialistes seuls possédaient en
» matière de gouvernement, la panacée universelle.

» Bien qu'ils n'eussent jamais fait qu'embrouiller et
» désorganiser, comme ils avaient l'habileté de rejeter le
» fardeau sur vos épaules, et de vous déclarer responsable
» de leur incapacité profonde, en vrai provincial ignorant
» et en franche dupe que j'étais, je finis de très-bonne foi
» par les croire. Avant de vous connaître, je fus donc votre
» ennemi, car j'étais bien décidé, comme je le suis encore,
» à ne m'incliner que devant le mérite réel.

» Ainsi imbu sur votre compte d'idées entièrement faus-
» ses, je me permis, dans les journées des 2, 3, 4. et 5 dé-
» cembre, 1851, de me mêler parmi les groupes d'ouvriers
» et de les exciter en quelque sorte à la révolte. Le 3 dé-
» cembre, notamment, je pérorais à la place de la Bastille,
» auprès de la colonne de Juillet ; et, quand on dispersait
» les rassemblements, je faisais comme tant d'autres : je
» me servais de la célérité de mes jambes de jeune
» homme.

» Toutefois, j'avais jugé d'un seul coup-d'œil la situa-
» tion perdue : la résistance était évidemment aussi inutile
» qu'insensée ; les dispositions étaient trop bien prises ; et
» tous, amis ou ennemis, ne pouvaient s'empêcher de dire :
» ma foi, c'est bien joué !

» Dans les journées de décembre, je fus donc réellement
» coupable, mais j'eus l'heureuse chance de ne pas tomber
» en de mauvaises mains.

» Rentré, deux mois après, dans le département du Var,
» je pus étudier, sur les lieux mêmes, les causes de l'insur-
» rection déplorable de mon pays.

» Rien de noble n'avait soulevé les masses. Là, elles
» n'avaient point, comme à Paris, la misère pour excuse :
» presque tous les paysans sont de petits propriétaires, et

» les journées qu'ils emploient au service des autres leur
» sont convenablement payées. Mais les clubs avaient
» excité au suprême degré la haine du pauvre contre le
» riche : le paysan voulait obliger celui-ci à bêcher la terre
» à son tour, et ce thème favori défrayait le plus souvent
» les conversations de nos démagogues. Ils ne remar-
» quaient point que la nécessité seule fait qu'on se plie aux
» conditions inférieures de la société, que c'est là une
» loi naturelle qu'on ne changera jamais, et qu'il est aussi
» ridicule de vouloir forcer un paysan à manier continuel-
» lement la plume, qu'un bureaucrate à labourer les
» champs du lever de l'aurore au coucher du soleil.

» La plus détestable des passions, la haine donc était le
» mobile des insurgés du Var : aussi ne firent-ils rien de
» grand, et leur courage eut-il même une éclipse.

» En somme, ils agirent selon les habitudes des gens
» du midi : beaucoup de menaces, de bravades et de bruit,
» mais fort peu d'actes. C'est tout ce qu'ils surent mettre
» en œuvre ; et cette insurrection, qui de loin eut un funè-
» bre retentissement se réduisit à une échauffourée tragi-
» quement grotesque : à prendre quelques personnes en
» otages, et à tourner les talons dès qu'il fallut engager un
» combat sérieux qu'on n'était guère décidé à soutenir.

» Bref, cette fameuse insurrection ne fut qu'une étour-
» derie inoffensive de paysans dépourvus d'intelligence,
» et bien certainement plus égarés que coupables.

» Cependant cette manière d'entendre le progrès, cet
» appel dangereux à l'envie et à la haine, me dégoûtèrent
» profondément des socialistes, attendu qu'en ce qui me
» concerne, ce n'est point par le désordre que j'espérais
» arriver à des résultats utiles.

» Ainsi, j'ai bien appartenu au socialisme ; mais je n'ai
» jamais entendu par là que la réforme des abus, dans la

» mesure de ce qui est possible et en tenant compte toutefois
» de l'imperfection humaine.

» Dès lors, en voyant de près de quelles impures passions
» on osait se servir, je me désillusionnai complétement; et
» je compris que les gens honnêtes, les gens modérés, ne
» devraient jamais, même dans un but louable, remuer les
» bas-fonds de la société démocratique (1).

» Or, comme ce qui se passait dans mon département
» était de même nature que ce qui se passait ailleurs, il
» est évident, Sire, que vous avez eu raison, parfaitement
» raison de comprimer l'anarchie et d'étouffer des passions
» détestables (1).

» J'avais donc calomnié votre grand acte du 2 décem-
» bre 1851, et je jurai de réparer publiquement ma faute
» (en composant, en publiant, et en déclamant en plein
» air, les prophé» ties dont jai longuement parlé. — Voïr
» les pages ci-dessus). »

Conclusion

En résumé, et au point de vue politique, mes convictions sont toujours les mêmes. Si la République était
sérieusement possible, je serais encore républicain : mais la
base d'un tel gouvernement, c'est le dévouement et la

---

(1) C'est ce qu'on appelle aujourd'hui l'avènement des nouvelles
couches sociales : ce qui sent singulièrement le fumier ; outre que
lorsqu'on remue de l'eau dont le fond est sale et trouble, c'est
toujours la partie putride qui tend à prendre le dessus.

(1) Les mêmes qui ont éclaté depuis avec une terrible et sau-
vage énergie, au mois de mai 1875.

vertu, tandis que nous vivons dans un siècle de matéria-
lisme et de décadence.

Maintenant donc que je connais les hommes et les choses,
je m'écrie hardiment :

> Fi des ambitieux, tristes déclamateurs (1)
>> Charlatans de la politique :
> Non, jamais on ne put, sur les débris des mœurs,
>> Elever une République !

Et c'est ainsi que je suis pour l'*Empire*, parce que l'*Empire c'est la République dans ce que celle-ci* a de bon et de
praticable.

(*Le Mariage de l'Empereur*, page 2).

(*A bas l'orateur, à bas l'orateur !* crie la gauche toute
ent.ère d'une voix immense et unanime ; *à bas l'orateur !* »

Si ma conclusion ne vous convient point, reprend l'orateur sans s'émouvoir ni se déconcerter, je vais vous en
donner une autre et en peu de mots :

Dieu et Jeanne Darc ne veulent pas d'une République borgne et athée, et gouvernée par des
borgnes.

Tumulte effroyable et prolongé.

Les bonapartistes applaudissent à outrance et à tout
rompre.

Les orléanistes, les républicains et les radicaux poussent,
non pas des clameurs, mais de véritables hurlements.

Ils ne s'en tiennent pas là : ils escaladent la tribune et
en arrachent l'orateur.

----

(1) Le borgne et lourd Gambetta et toute sa clique immonde
et athée.

Celui-ci, d'une voix énergique, stridente et qui domine le tumulte, proteste contre cette violation de l'immunité parlementaire, et s'écrie, avec la figure, le ton et les gestes d'un prophète et d'un inspiré :

Deus illuminatio mea ei salus mea ; quem timebo ?

Dominus, protector vitæ meæ ; à quo trebidabo ?

Si consistant adversium me castra, non timebit cor meum.

Annuntiavi justiam tuam in ecclesiá magná ; ecce labia mea nou prohibelo, Domine, tu scisti.

Ego autem mendicus sum et pauper : Dominus sollicitus est mei.

Il est sept heures : la séance est levée.

Elle a duré cinq heures complètes, comme la fameuse séance dans laquelle le député radical Ferrouillat, un méridional aussi, avait parlé pendant ce laps de temps, *sans même avaler une goutte d'eau.*

Les deux orateurs se valent en énergie et en ténacité : ils ont fait leurs preuves.

Cette double séance marquera dans les fastes parlementaires et il en sera gardé longtemps le souvenir.

FINIS CORONABIT OPUS

Laus Deo !

Reproduction autorisée en totalité ou en partie, mais aux conditions suivantes et qui sont de rigueur :

1º Les citations seront textuelles et intégrales, non tronquées dès lors dans un but de malveillance.

2º Dans les observations qui précéderont ou qui suivront les citations, même textuelles, on ne tournera en ridicule ni l'auteur, ni ses idées sur Dieu et Jeanne Darc.

Malgré des apparences contraires, l'auteur est sérieux, très-sérieux. Il entend être respecté, et il poursuivra impitoyablement devant les tribunaux, même par la voie de l'appel, tout diffamateur qui n'exécutera point fidèlement et avec bone foi, les clauses du contrat ci-dessus.

Avis surtout au *Figaro !*

OBSERVATION ESSENTIELLE. — Depuis la chute de notre premier père, l'homme est sujet à l'orgueil, à l'illusion et à l'erreur. Bien que j'aie écrit tout ce qui précède avec la qlus entière bonne foi et même avec la plus grande simplicité d'esprit, néanmoins, *comme j'ai agi de mon propre chef, ne prenant pour guides et pour conseils et n'invoquant que Dieu et Jeanne Darc,* je déclare condamner, comme je condamne dès maintenant, tout ce qui, dans le présent écrit serait contraire, non seulement à la doctrine, mais encore à la discipline de notre très-sainte Mère l'Eglise cathalique, apostolique et romaine.

Versailles. — Imprimerie F. DAX, rue du Potager, 9.